NMK

Clemens J. Setz

Seis miniaturas sobre la verdad

Traducción de Virginia Maza

H&O

Federal Ministry
Housing, Arts, Culture,
Media and Sport
Republic of Austria

Títulos originales: *Gedankenspiele über die Wahrheit*
Kayfabe und literatur

Primera edición: mayo de 2026

© Del texto: *Gedankenspiele über die Wahrheit* © Literaturverlag
Droschl, Graz-Wien 2022 / *Kayfabe und literatur*
© Verlag Johannes Heyn, 2019
© De la traducción: Virginia Maza, 2026
© De esta edición: H&O Editorial, 2026

Imagen de la cubierta: «Wrestlers», Thomas Eakins
Imágenes del interior: Alamy
Diseño: Orion Estudi
Maquetación: Fotocomposición gama, sl
Corrección: Guillermo Pérez Ortiz
Impresión: Arcángel Maggio

ISBN: 979-13-87914-16-5
Depósito legal: B 9083-2026

James Hogg (1770-1835) constituye una excepción entre los poetas pastoriles, ya que en efecto fue pastor hasta los cuarenta años.

Texto de solapa de la edición de
Memorias privadas y confesiones de un pecador justificado,
de James Hogg, en la editorial alemana Reclam

Quizá nada sea del todo cierto, ni siquiera eso.

MULTATULI (EDUARD DOUWES DEKKER)

I

La versión de Willemsen

Lo confieso: me encanta Roger Willemsen, sobre todo sus libros de viaje. Sin embargo, eso no significa que crea a ojos cerrados en la verdad que contienen. No me importa demasiado esa veracidad, aunque Willemsen presente como ciertas muchas de sus historias en entrevistas e intervenciones.

En 2010 publicó el que quizá sea su mejor libro, *Die Enden der Welt* [Los confines del mundo], y en él relata esta graciosa anécdota sobre el escritor austriaco Franz Grillparzer:

Les cuento cómo, a finales del siglo XIX, el escritor Franz Grillparzer viajó al Adriático para ver el mar, que no pudo conocer antes ni por fotografía ni en filmaciones. Les refiero cómo los lectores contenemos la respiración: he aquí un escritor, un hombre de la palabra, que se encuentra por vez primera en su vida ante el océano original… Y, entonces, ¿qué escribe en su diario?: «No me lo había imaginado así».

La escena tiene un golpe final insuperable y está visto que Willemsen sentía debilidad por ella porque la mencionó en todas las presentaciones a las que asistí a lo largo de años. También la leí en una entrevista suya con Jan Drees:

> Siempre me viene a la mente —explicaba Willemsen— un episodio de los diarios de Grillparzer, que era por cierto un tipo más bien misántropo. Cuando viaja a ver el mar por primera vez, contenemos la respiración, algo que no es habitual leyéndolo, y nos preguntamos: ¿cómo verá el mar un hombre que nunca lo ha visto, ni en una grabación?, ¿cómo lo describirá? Entonces Grillparzer va hasta el mar, se planta delante y anota en su diario: «No me lo había imaginado así».

Los diarios de Grillparzer son una lectura imprescindible. Los adorables fragmentitos de un gruñón. Algo así como un Twitter unipersonal en la Austria del siglo XIX: arisco, delicado, largo de miras, con un olfato agudo para las intrigas, que amenaza partirse al menor cambio, poéticamente *intense* y de juicio severo. Como es natural, después de toparme tantas veces con esta encantadora anécdota de Grillparzer narrada por Willemsen, quise dar con el pasaje original. Y lo busqué…, pero no encontré nada. La razón, sin embargo, no era que Willemsen inventara

Franz Grillparzer

la historia; en realidad se había ido puliendo en su memoria, tal vez a fuerza de repetirla, menguó, se renovó y se despojó de todo lo accesorio hasta que no quedó más que esa frase icónica, a la altura de otras lacónicas frases que trascienden con su peso, como «no lo acompañó sacerdote alguno» o «ya no leímos más en todo el día».

En efecto, resultó que ya conocía el pasaje, solo que la famosa frase era una entre tantas. Y, contrariamente a la impresión que crea Willemsen al trasladarla, es una descripción con un detalle y una emotividad prodigiosos. Grillparzer vio el mar por primera vez desde Villa Opicina, una aldea cercana a la bella ciudad de Trieste que hoy está conectada a ella con un pintoresco tranvía de aire anticuado. El pasaje en cuestión es este:

A medida que nos acercábamos a Trieste, fuimos apreciando un cambio considerable en el clima; el ambiente frío y desapacible se hizo más suave, y era como si todo anunciara que nos hallábamos a las puertas de Hesperia. Se cruzaban con nosotros, a caballo y en carromatos, aldeanos vestidos con extrañísimas ropas pardas y rojas, a tono con el conjunto, y nos fueron ilusionando tanto como permitían tres noches en vela y un viaje de ochenta millas en correo. Por fin, la aduana de Opicina. ¡Una colina! ¡Arriba! ¡Ah!… Ahí estaba ante nosotros, vasto y azul y brillante, el mar. Salté del coche y salí corriendo de tal manera que mi compañero de viaje empezó a gritar que tuviera cuidado de no caerme. Era presa de una sensación extraña. Por todo lo que había oído contar, me había convencido de que la visión del mar no me llenaría del sentimiento de majestuosidad que me inspiraba en la imaginación y, por esa razón, temía más que me regocijaba el momento de contemplarlo en la realidad; en efecto, temía perder una imagen sublime y solo obtener a cambio una más exacta... Dudosa ganancia para un poeta. Y lo cierto es que se cumplieron parte de mis presagios. Sin duda, la imagen del mar que habitaba mi fantasía era más poderosa e imponente que la realidad, y, sin embargo, aquella impresión me cautivó de tal modo que me costó esfuerzo apartarme: no me había imaginado el mar así de bello, tan indescriptiblemente bello. Qué apacible y dulce se extendía aquel elemento rígido e indómito, una arrebatadora imagen intermedia entre ondas de praderas verdes y el sereno cielo azul, tan suave a la vista que el habla no tiene palabras para describirla, como una amante que se sosiega y está el doble de hermosa después de haberse enfurecido y acaricia y mima con el doble de ternura al amado... Jamás lo había imaginado así, y por eso me sorprendió y subyugó tantísimo. En Trieste el mar no ofrece un espectáculo grandioso. La inmensidad que es inherente a su idea en la imaginación y la convierte en la más sublime que posee el mundo visible desaparece aquí por completo, pues se ven orillas en tres de las cuatro direcciones y en la cuarta, la que no tiene límites, el ojo se fabrica una entre nubes y brumas.

Entonces, ¿qué versión es cierta? Por un lado, claro está, la que acabamos de leer, ya que así consta, de forma verificable y fidedigna, en todas las ediciones de los diarios de viaje de Grillparzer. Aun así, en la versión de Willemsen hay algo que, a mi parecer, le confiere un particular derecho supletorio a la verdad. No cuenta lo mismo que los apuntes de Grillparzer. Ni siquiera la frase en cuestión significa nada ni de lejos parecido entre las líneas de euforia que la rodean. Tampoco el hombre que compuso estas líneas es el mismo que, en su primer encuentro con el mar, solo es *efectivamente* capaz de escribir aquella frase desabrida. Entonces, ¿por qué la versión de Willemsen *concuerda* mucho más con Grillparzer que las propias palabras de Grillparzer? ¿Por qué esa representación algo falseada e injusta de su reacción ante la visión del mar nos parece una forma de verdad *más auténtica*? Por supuesto, la razón es que conocemos a Grillparzer y conocemos la hosquedad con que piensa y escribe. No considero que la versión de Willemsen traslade bien ese pasaje concreto de los diarios, pero, al mismo tiempo, creo que podría ser la mejor *biografía breve* de Grillparzer que existe.

II

Versiones propias

En ocasiones la memoria misma crea esas *versiones a lo Willemsen* de pasajes de la literatura que se han leído o rumiado mucho. Por ejemplo, pasé años convencido de que la célebre novela *El extranjero*, de Camus, empezaba con estas palabras: «Mamá se ha muerto hoy. O puede que ayer, no lo recuerdo».

Qué maravilla de comienzo, pensaba yo. Una persona que acaba de perder a su madre y que, cuando apenas llevamos unos segundos escuchando su voz narrativa, trata el hecho como casi nadie sería capaz: dice que ha *olvidado* cuándo fue. Igual que a veces no tienes claro si el cubo de la basura apareció tirado en el suelo del patio ayer o anteayer. ¿Cómo se puede olvidar tal cosa? Ese narrador debe de ser alguien con una conciencia distinta, enajenado de toda emoción sujeta a convenciones. De esta manera, ya desde esas primeras frases lo sabemos: nos habla un alien, un extraño.

Desafortunadamente, la primera frase de *El extranjero* no es así, sino de esta otra forma:

Mamá se ha muerto hoy. O puede que ayer, no lo sé. He recibido un telegrama del asilo: «Madre fallecida. Entierro mañana. Sentido pésame». No quiere decir nada. A lo mejor fue ayer.[1]

En definitiva, ¡no podía saber cuándo había sucedido porque el telegrama del asilo no decía nada! El elemento falto de emoción y cuasiextraterrestre de esas primeras líneas no era él, sino el *asilo*.

Aun así, mi falso recuerdo del comienzo de la novela, de la misma manera que ocurría con la *versión de Willemsen*, no es del todo incorrecto. Es más: encierra cierta verdad, porque la novela va penetrando en el extrañamiento existencial de su protagonista, Meursault —que en el entierro de su madre no muestra ninguna emoción digna de aprecio y más tarde mata a un árabe en una playa por razones que no quedan del todo claras («hacía calor»)—, y eso no solo tiene efecto prospectivo en el sentido de la narración, sino que actúa también de forma *retrógrada* sobre cuanto lo precede. Mi conocimiento del personaje, de su alma, por así decirlo, ha transformado

1. Citamos por la traducción del francés de Maite Gallego Urrutia y Amaya García Gallego (2021), publicada por Random House. [Todas las notas son de la traductora, que, como criterio general, ofrece traducción propia para las citas cuyo idioma original es inglés o alemán.]

el recuerdo de las primeras líneas en algo que concuerda mejor y con más veracidad con esa alma.

Además, si la versión que mi memoria ha falseado fuera en efecto el comienzo de la novela, ¿habría funcionado *mejor*? No, porque, partiendo de ahí, ¿hacia dónde podría haber llevado Camus el relato? La distancia entre el lector y el héroe habría sido ya excesiva desde las dos primeras frases. Sería imposible seguirlo aun con la mejor de las voluntades, y todo lo que pudiera venir después no sería más que un ejercicio de estilo, por brillante que fuera, sobre la extrañeza. La auténtica narración exige la posibilidad del *crescendo*.

Tiempo después caí en un equívoco mucho más curioso todavía. Allá por 2017 leí un libro tremendamente interesante sobre los procesos contra los herejes de Montaillou en el siglo XIV. Al cabo de un par de años, me dio por recordar una anécdota concreta del libro. La historia y todos sus detalles me parecían impactantes y muy simbólicos. Así que convertí aquel hallazgo en un pequeño poema en prosa:

VANGUARDIA

A principios del siglo XIV, la aldea occitana de Montaillou fue procesada por la Inquisición. En las actas del tribunal se menciona a una joven que queda en el anonimato. Se la acusaba de renegar de la fe cristiana. Cuando le preguntaron qué hombre le había inculcado sus heréticas opiniones, ella respondió que no hizo falta la ayuda de nadie: llegó a la conclusión de que el dios cristiano no podía existir por su cuenta, cavilando mientras hacía las labores del hogar.

Guardaba la escena en mi cabeza tal cual. *Cavilando mientras hacía las labores del hogar.* Justo esa frase, casi al pie de la letra, como mucho con algún ligero cambio nada más. En todo caso, decía «labores del hogar», de eso estaba seguro. Y ahí radica el problema: juro que he buscado en el libro de cabo a cabo, pero la anécdota no aparece. He revisado todas las páginas línea por línea. Ni rastro. O bien soñé la escena, o bien me la imaginé por lo que fuera, o bien la leí en otro sitio y mi recuerdo la embutió en ese contexto. ¿Cuál sería el episodio original? No tengo ni idea y, si no se me hubiera ocurrido buscar la fuente, lo más probable es que siguiera considerándola un ejemplo significativo y veraz de la variedad de formas de opresión de las mujeres en la historia. Pero ¿y ahora? ¿Qué es, sabiendo como sabemos que su génesis es tan dudosa?

Llegados hasta aquí, he de puntualizar que encuentro perfectamente digno y correcto inventar citas. Yo mismo lo hago con frecuencia. Pero en el caso de Montaillou no fue nada intencionado. De hecho, tenía el recuerdo nítido de haber leído la anécdota en el libro sobre las tétricas farsas que constituyeron aquellos juicios. Según declara mi cerebro, está en una de sus páginas, abajo a la derecha.

Puede que todos tengamos recuerdos peculiares como estos, que dan la sensación de ser absolutamente ciertos, pero que, si se examinan con más detenimiento, no pueden ser verdad. Por ejemplo, recuerdo que a una niña del colegio le preguntaron un día por su religión y respondió muy seria que ella era «acondicionada», aunque, por supuesto, quería decir que era *aconfesional*. Así lo guardo en la memoria, aunque he de confesar que suena demasiado redondo, ingenioso, conveniente y bien logrado. No me fío de este recuerdo.

La cosa aún se complica más cuando esos recuerdos fantasma que al tacto parecen verdades inquebrantables son patrimonio en común de varias personas, incluso de muchas. Este fenómeno se conoce como «efecto Mandela», bautizado así por la sorprendente cantidad de gente que recuerda como si fuera hoy el entierro, allá por los años ochenta, de Nelson Mandela (del que dicen que murió cuando estaba en la cárcel). Describen, igual que si lo tuvieran delante, el cortejo fúnebre y la retransmisión televisiva, y encuentran en Internet a otras personas que recuerdan los mismos detalles exactos. Con el tiempo, la recopilación y el estudio de otros efectos Mandela se han convertido en una suerte de juego comunitario. Muchos de esos recuerdos fantasma del «pero ¡si eso no era así!» se refieren al logotipo y a otros detalles del diseño de productos del hogar o alimentos, como cajas de cereales, bolsas de patatas fritas o botes de crema de cacahuete, es decir, cosas que los niños de una década determinada veían sin parar. ¿Esas cositas crujientes que tomabas todos los días para desayunar se llamaban FRUIT LOOPS o FROOT LOOPS? ¿El millonario que corre en el logotipo del *Monopoly* llevaba monóculo o no? ¿La canción *We Are the Champions*, de Queen, terminaba con un «... *of the Wooooorld!*» entonado por un entregadísimo Freddie Mercury o con un simple acorde de guitarra? En Internet hay gente devanándose los sesos con estas preguntas.

Quienes recuerdan algo de forma precisa, pero ni en la realidad ni en la documentación histórica encuentran nada que lo pruebe llegan a creer que han aterrizado en un mundo paralelo. No siempre está claro lo en serio o en broma que alguien puede tomarse esa *solución* al problema. Desde luego, algunos lo dicen completamente en serio y acusan al acelerador de partículas del CERN de haberlos expulsado de su universo natal con sus temerarios experimentos.

Es curioso: aunque en realidad debería ser propenso a ello, no participo de ninguno de esos efectos

Freddie Mercury

Mandela populares. Recuerdo todas esas cosas tal como son y siempre han sido: el hombrecillo del *Monopoly* nunca llevó monóculo, el repugnante engrudo del desayuno siempre se ha llamado FRUIT y no FROOT, y *We Are the Champions* no termina con un «... *of the Woooorld*», sino con un acorde de guitarra. Por desgracia para mí, nunca he ido a parar de un tropezón a un universo paralelo donde rija otra verdad gestionada por la comunidad.

III

De contabilidad y éxtasis

Los seres humanos utilizamos el concepto de verdad a modo de arma arrojadiza desde hace siglos. Cada época repite ciertas verdades que quizá la siguiente ya no acepte o que solo lo haga si cambian de forma. El colesterol es malo para el corazón. Dios es bondad. La salvación del planeta pasa por el veganismo. El emperador no puede morir. Una luz esférica y de origen desconocido orbita alrededor del planeta Tierra. La ivermectina no sirve de nada contra el COVID-19. Nada más que *verdades* que han sido o son todavía objeto de enconado debate para muchos. El gran poeta checo Jan Skácel escribió en *Breve reseña de la verdad*: «Tengo la sospecha de que, en realidad, a la gente no le gusta tanto la verdad como tener razón».[1] Por supuesto,

---

1. Jan Skácel: *Malá recenze na pravdu*. Las *malé recenze* (reseñas breves) son un género literario creado por el poeta y columnista Jan Skácel. El origen del formato se remonta a unas notas breves que Skácel publicó en el periódico *Rovnost*, pero

es cierto. Cualquiera puede comprobarlo consigo mismo.

Y mejor ni tocar el gran problema de las *afirmaciones ciertas pero indemostrables* del mundo de las matemáticas. Desde sus mismos albores la filosofía occidental ha preferido guardar la verdad en un recinto de seguridad aparte: el concepto parecía demasiado impreciso, demasiado manipulable y demasiado difícil de manejar. Friedrich Nietzsche desarrolló algunas de las reflexiones más inteligentes que tenemos sobre ella, en especial la idea, formulada en *Más allá del bien y del mal*, de que existen ciertos juicios con los que sería imprescindible «comprender que, en aras de la preservación de seres de nuestra especie, se debe *creer* que son verdaderos; ¡por lo cual, desde luego, hasta podrían ser juicios *falsos*!». Dicho de otra forma: ¿qué es más importante, conocer la verdad o seguir existiendo como humanidad? Si, en efecto, la «preservación de seres

---

se consolidó con la sección fija «Malá recenze na...» de la revista *Host do domu* a partir 1964. Una de estas reseñas, la que dedica a la verdad, se recogió en la antología de textos de Skácel editada y traducida al alemán por Peter Hamm (*Für alle die im Herzen barfuß sind. Lyrik und Prosa*, 2018). Para la edición en español, el texto se ha traducido del checo, a partir de un pódcast leído por Igor Dostálek y que se puede consultar aquí: https://talk.youradio.cz/porady/myslenka-na-den/jan-skacel-mala-recenze-na-pravdu (noviembre de 2025).

de nuestra especie» solo se puede garantizar experimentando como verdades ciertas no verdades, ¿acaso deberíamos considerarlas una nueva clase de verdad?

Además, Nietzsche nos recuerda: «Pero no cabe duda de que los malignos y los desdichados están mejor preparados para hallar algunas *partes* de la verdad y tienen mayor posibilidad de conseguirlo». Mientras, Ernest Hemingway sentenciaba en *París era una fiesta*: «En Dostoyevski había cosas increíbles y que no se debían creer, pero algunas eran tan verdaderas que te cambiaban a medida que las leías». Otra fórmula también interesante y digna de reflexión. Una verdad que puede rayar en lo inverosímil. ¿Cómo es algo así?

Las magnéticas imágenes de Werner Herzog en *Lecciones en la oscuridad*, del año 1992, muestran el paisaje lunar en que acabaron convertidas, como salidas del infierno, vastas regiones de Kuwait por el incendio de los pozos petroleros. Este documental comienza mostrando la siguiente cita en pantalla:

El colapso del universo estelar ocurrirá, como la creación, con grandioso esplendor.

BLAISE PASCAL

No mucho después del estreno, Herzog confesó que las palabras no eran de Pascal, sino suyas. Inventó la cita para *elevar el espíritu* de los espectadores. A nadie le sorprendió: en el cine documental de su larga y fulgurosa carrera, Herzog ha utilizado la ideación y la puesta en escena para tantas secuencias y asuntos que prácticamente ha dado lugar a un género propio.

En *Lo and Behold*, un documental del año 2016 sobre el inicio y el impacto de Internet, Herzog citaba una sugerente frase del tratadista de la ciencia militar Carl von Clausewitz: «A veces la guerra se sueña a sí misma». Esa afirmación lo llevaba a preguntar si Internet también hace lo mismo en ocasiones. Al tiempo, Herzog declaró con extrañeza que era incapaz de localizar la fuente. No sabía si habría inventado la referencia. ¿Acaso la habría soñado? En los comentarios de la página de discusión del artículo de la Wikipedia en alemán sobre Clausewitz, con el tono inconfundible del sitio, la cuestión se resuelve de la siguiente manera:

En el documental *Lo and Behold – Reveries of the Connected World* (título alemán: *Wovon träumt das Internet?*, 'Con qué sueña Internet'), de Werner Herzog, este recoge la siguiente cita de Clausewitz: «*Clausewitz [...] once famously said: "Sometimes war dreams of itself"*», que vendría a ser 'a veces la guerra se sueña a sí misma'. ¿Esto es así? He buscado en Internet, pero no encuentro

pruebas de que Clausewitz dijera nada parecido.
--Nachbold (discusión) 23:13, 23 nov 2020
(CET)

> No tiene pinta. Además, ¿qué quiere decir eso de
> que la guerra se sueña a sí misma? ¿Es que Clau-
> sewitz se identifica con el famoso sonámbulo, el
> príncipe de Homburgo, de Kleist? Sería raro, no
> me pega mucho. --Vsop.de (discusión) 23:33, 23
> nov 2020 (CET)

El documental *El pequeño Dieter necesita volar*
cuenta la extraordinaria historia del cautiverio y la
fuga de un campo de prisioneros del piloto estadounidense Dieter Dengler. Muchas de las escenas de
entrevistas que parecen improvisadas son en realidad interpretaciones. En una de ellas, Dengler con-
fiesa que no se tiene por ningún héroe porque solo
son héroes los que están muertos. Por lo visto, la
frase se la apuntó Herzog. O la conmovedora escena con la puerta de casa: Dengler asegura que tiene
la costumbre de abrirla y cerrarla una y otra vez, y
se muestra maravillado por el privilegio de la liber-
tad que implica el poder abrir y cerrar la puerta. Sin
embargo, la escena se añadió por ocurrencia de
Herzog y no de Dengler. De hecho, al principio
este no quiso rodarla por miedo a resultar ridículo.
Solo se convenció cuando el director le aseguró que
la escena sería como un imán para las mujeres.

Werner Herzog

Herzog considera que estos modos de estilización no tienen nada que ver con el falseamiento, sino que hacen posible transmitir una verdad más profunda, esencial e incluso pura tal vez. La razón es que un documental solo dura entre noventa y ciento veinte minutos. Hay que condensar las cosas, concentrarlas, reducirlas a unas pocas fórmulas poéticamente intensas que alcancen al espectador como si las vivencias que se le presentan en pantalla hubieran sido suyas con toda su complejidad. Herzog se refiere a la diferencia entre el mero registro de lo que se tiene delante y el documental con abundancia de recursos de escenificación, y se vale para ello de las expresiones «verdad de los contables» y «verdad extática». La extática es la que solo se puede alcanzar a través de una estilización consciente y de la transformación poética.

Más allá de la postura que se tenga al respecto, lo cierto es que también hay casos en los que justamente la irrupción de esa verdad desprovista de alma de los contables es casi salvífica. Alfred Lord Tennyson incluyó estos versos en su poema *The vision of Sin* [La visión del pecado]: «*Every moment dies a man / Every moment one is born*». Nada que haga saltar chispas. A cada instante muere alguien y otro alguien nace. Sin embargo, al poco de publicarlo, recibió una carta de Charles Babbage (1791-1871). Este genio de las matemáticas y precursor de la actual programación corregía a Tennyson en estos términos:

> Si eso fuera cierto, la población del planeta se mantendría constante. En realidad, sin embargo, la tasa de natalidad es ligeramente superior a la de mortalidad. Por esta razón, le sugiero que la próxima versión de su poema diga así: *Every moment dies a man / Every moment 1 1/16 is born.* Siendo estrictos, esta cifra también es incorrecta, pero el factor real es tan largo que no cabe en un solo verso; no obstante, considero que el valor indicado es lo bastante exacto para los fines a los que sirve la lírica.

En cierto modo, esta advertencia epistolar de Babbage es una *versión mejorada del poema*, pues a los versos de Tennyson les faltaba encanto. En cambio, con la puntillosidad contable de su corrección —1 1/16 personas que nacen por cada una que muere—, Babbage convierte el fenómeno manido y tópico de la incesante sucesión de seres humanos que surgen y se extinguen en una comedia involuntaria que nos conmueve, precisamente, por la exactitud que reivindica en un primer momento y a la que renuncia acto seguido. ¿Es que no fuimos todos un día esa dieciseisava parte de un ser humano? Una fracción que ni siquiera llegaba a ser del todo correcta.

Un parpadeo de la luz, una persona de las estadísticas, un decimal que redondear arriba o abajo.

Cabe pensar que Tennyson no lo viera igual. Más aún: es presumible que se molestara. En época más reciente, ha habido autores que tampoco se han mostrado entusiasmados cuando la verdad de los contables ha tratado de entrometerse en su obra. Es lo que hace pensar una anécdota sobre el británico William Golding. Tal vez el personaje que más recuerde la mayoría de los lectores de *El señor de las moscas* sea Piggy, el chico miope y regordete al que los demás quitan las gafas para hacer fuego. Sin embargo, con lentes cóncavas no se puede concentrar la luz del sol y Golding repite con insistencia que Piggy es miope. Charles Monteith, el editor de Golding, recibió cantidades ingentes de cartas de jóvenes con los suficientes conocimientos de física como para señalar el error. Cuando Monteith le enseñó a Golding la de un muchacho particularmente observador, le respondió: «Pero ¡qué crío tan horrible! ¡Ojalá acabe traficando con drogas en Turquía!».

IV

La amenazadora verdad de los dobles

Desde que llevo la barba larga, me topo con dobles cada dos por tres. Aunque supongo que eso no cuenta. Los auténticos *doppelgänger*, aquellos que coinciden con uno hasta en el más mínimo detalle, son una rareza extraordinaria. La mayoría nos libramos de tener nunca encuentros así. Sin embargo, uno de mis dogmas de fe absolutos es que todas las personas de este planeta tenemos por ahí a alguien con un parecido casi perfecto y que existimos en un permanente estado inconsciente de miedo-antimateria respecto a ese trasunto nuestro, alimentado quizá por la sospecha de que las imitaciones casi perfectas podrían acabar resultando más auténticas y verdaderas que el ser original.

En la biografía *Tramp: The Life of Charlie Chaplin*, escrita por Joyce Milton, leemos que Chaplin participó en 1915 en un concurso de imitadores organizado en un teatro de San Francisco. Ni siquiera llegó a la final. Una de las pruebas consistía en remedar la forma de andar de Charlot, y

Charles Chaplin

Chaplin quiso hacerla a toda costa «porque sintió lástima y la necesidad acuciante de mostrarles cómo se hacía». Sin embargo, caminó a la velocidad normal, tal como estaba acostumbrado a hacer en el plató de rodaje, mientras que el paseíllo del *Chaplin walk* estaba acelerado por el medio: el proyector de cine. Por supuesto, los demás candidatos se contonearon sobre el escenario a una velocidad irreal, al estilo del cine mudo, y así resultaron mucho más auténticos que el verdadero Chaplin.

En 1899, Lev Tolstói asistió en Moscú a una de las primeras representaciones de *Tío Vania*, de Antón Chéjov. La obra le pareció de un tedio tremebundo y fue incapaz de seguir el argumento. Lo único que en efecto le gustó e incluso encontró medianamente auténtico fue el canto de un grillo en el último acto. Todo lo demás, boberías. En cambio, lo del grillo, ¡de fábula! Pero la cosa aún tenía más miga. Uno de los actores había estado un mes entero aprendiendo a imitar ese chirrido con un insecto de verdad que se había instalado en los baños de Sandunov y pasaba allí los días tratando en vano de atraer a alguna hembra. Entonces, ¿ese grillo suprauténtico, que ni siquiera era un grillo, sí que lo era en cierto sentido? ¿Qué habría pensado Tolstói de haber visto al actor haciendo aquellos ruiditos con la boca entre bambalinas?

En la actualidad contamos con un término que describe con exactitud la desorientación punzante que se experimenta al contemplar a un doble casi perfecto: *uncanny valley*, el valle inquietante. Recibe ese nombre de la forma de la curva de percepción. Imaginemos un *smiley*. Vale, un *smiley*. Todo bien. Luego, vamos sumando detalles algo más humanos a la carita sonriente. Aún sigue todo en orden. Incluso le empezamos a encontrar la gracia. Le ponemos unos cuantos detallitos más. Caramba, ¡ahora es mucho más realista! Cada vez nos gusta más. En un momento dado, sin embargo, llegamos a un punto en que coincide al noventa o al noventa y cinco por ciento con un rostro humano auténtico. Y ahí la curva de nuestra simpatía comienza una caída en picado. La cara nos asusta y nos repugna. Ya no la percibimos como *casi totalmente humana*, sino como *un humano que carece de algo esencial*. En este valle de lo inquietante habitan los rostros de los robots o de los personajes animados de los videojuegos.

Lo extraño es que esta zozobra brilla por su ausencia en los animales. Es una reacción que solo se ha observado en los seres humanos. Por este motivo, hay quien se pregunta por su propósito evolutivo. O lo que es lo mismo: ¿por qué los seres humanos sentimos un horror metafísico tan intenso al ver rostros que guardan un parecido fuera de lo común con uno humano *de verdad*? ¿Qué criatura existió en nuestro pasado ancestral? Debió de ser una que se parecía a nosotros, pongamos, en un noventa y cinco por ciento, pero de la que huíamos despavoridos, presos de un pánico que hemos almacenado en los genes hasta el presente para no acabar convertidos en su rapiña.

V

La preservación de seres de nuestra especie

En la mencionada *Breve reseña de la verdad*, Jan Skácel nos cuenta: «Sin embargo, amo las verdades sencillas, las corrientes, las que parecen mariposas en una mañana despejada. Esas que existen y por las que nadie tiene que luchar. Vladimír Pazourek, que escribe libros, se da baños de vapor y juega al *nohejbal* (voleibol con los pies), vino hace poco a decirme que hoy día se bebe tanto que ya no queda tiempo para beber. Nos abrazamos con lágrimas en los ojos. Tiene razón. Lo sé por experiencia propia».

Lo que aquí conmueve tanto a Skácel es la observación perfecta de su estrafalario colega. Lo toca tan profundamente porque tal vez él mismo había sentido lo mismo muchas veces, pero no había sido capaz de expresarlo con esa concisión. Lo que llamamos *poesía* es el acervo de observaciones y pequeñas verdades como esa, que la humanidad ha ido acumulando con la suma de sus fuerzas. A menudo, cuando nos encontramos con una, se instala durante años en nuestra memoria y desde allí altera nuestra percepción. Por ejemplo, no puedo ver a alguien volando una cometa en el parque sin que me pase por la cabeza la comparación «*like upside-down fishing*», como pescar del revés, que leí años atrás en algún sitio (¿dónde sería?). También, cuando mi rostro me mira ceñudo desde el espejo, pienso en la frase de Jean Genet que citó Josef Winkler: «La mirada conmovedora de un perro cagando». ¡Menuda imagen, es perfecta! Enseguida la estás viendo. Siempre que retransmiten en directo el vuelo de un cohete, pienso en la película *Solaris*, de Andréi Tarkovski, y en la frase que el padre de Kelvin le dirige a su hijo justo antes de que emprenda su misión espacial: «¡Eres demasiado cruel! Es peligroso enviar al cosmos a la gente como tú. ¡Allí todo es sumamente delicado!». Cómo no, la aparición casi trascendente en la última y misteriosa novela de Yukio Mishima, *La corrupción de un ángel*: «Sobre el estanque una hoja amarillenta colgaba de la telaraña de una rama, reflejando una luz divina cada vez que revoloteaba. Era como una diminuta puerta giratoria que flotara en el cielo».[1] Imposible olvidar el símil elegido:

1. Citado por la traducción (del inglés) de Guillermo Solana Alonso (1985). La cita de Genet pertenece a *Diario del ladrón* y la de la película *Solaris* (1972) se ha tomado de la versión original de la película subtitulada al español (DVD, Mosfilm, Colección Andréi Tarkovski, ed. 2018).

puerta giratoria. Y esta verdad concentrada que aprendí de Rolf Dieter Brinkmann: «La espantosa compulsión en el canto de los pájaros». Desde entonces, el trino de los pájaros ha dejado para siempre de ser un *recreo* y cuando lo escucho ya solo es algo que se les exprime a los animalillos estrujándolos con saña y sin descanso.

Así actúan esas verdades simples, claras y evidentes que dan valor a la vida humana y la guardan. Y aún hay algo más: en esas observaciones que percibimos como *verdaderas* y rezuman fuerza, hay siempre una terquedad engreída y fatua que trasciende al lector. Es ese irresistible «así lo veo yo y así es para mí, e importa un bledo lo que piensen los demás», una pulsión que es exactamente la misma tanto en las expresiones poéticas como en las políticas. Aunque esas *verdades sencillas* suelen exigir mucho más valor y mucha más disposición a correr riesgos en la esfera política. El presente nunca es demasiado amable con ellas y muchas veces deben pasar décadas o incluso siglos para que se reconozca a alguien (cuyo nombre ha caído mientras tanto en el olvido) como el solitario valedor de la verdad en medio de un mundo enloquecido que fue en vida. Puede que dentro de cincuenta años se vea qué instituciones o personas lo han sido en nuestra época. Es casi seguro que no serán los nombres que propondríamos hoy.

James Boswell cita al doctor Samuel Johnson, a quien caracterizó con las siguientes palabras: «Amo la Universidad de Salamanca, pues cuando los españoles dudaban de la legitimidad de su conquista de América, la universidad salmantina manifestó la opinión de que era ilícita». Los nombres de los eruditos cuyas obras refiere Johnson han sobrevivido hasta el presente: Francisco de Vitoria o Domingo de Soto. Todos ellos ejercieron en el siglo XVI. Quizá entonces no fueran conscientes de lo inútil que era su dictamen ni de lo *absurdo* que resultaba a la luz de la incontenible violencia de los acontecimientos históricos. Pero, en el fondo, esto no les importaba en modo alguno: solo pensaban en emitir un juicio ajustado a derecho y a verdad.

Y esto, llegados a este punto, me lleva al ejemplo más bello que conozco de verdad materializada: en el siglo XVI, en la plaza del mercado de la ciudad neerlandesa de Oudewater, había una balanza pública para pesar mujeres. La razón era un procedimiento tenido por válido y científico para desenmascarar a las mujeres sospechosas de brujería. Como todo el mundo sabía, una bruja podía volar por los aires montada en una escoba, por lo que, como es lógico, debía de pesar muy poco. La opinión generalizada era que esa significativa diferencia de peso entre brujas y mujeres normales se debía a que las primeras habían vendido su alma al diablo. En aquella época las almas pesaban de diez a quince kilos. Las pruebas con la báscula no solo se practicaban en Oudewater, pero esta *heksenwaag* es única porque funcionaba de manera efectiva: la calibraban con corrección y mostraba el peso real de la persona que subiera a la plataforma, fuera quien fuere. Además, había personal honrado y competente que se encargaba de leer los resultados. No se conserva noticia de la razón por la que en esta pequeña ciudad neerlandesa se tuvo la idea de aplicar un método de pesaje ceñido estrictamente a la razón en un tiempo de sombras. Lo que sí sabemos de manera fehaciente es que no hubo ni una sola condena por brujería en Oudewater. Todas las mujeres acusadas que pudieron costearse los gastos del viaje hasta la ciudad recibieron una fe oficial y con validez en el conjunto del Imperio Germánico.

Balanza de Oudewater

La *balanza para brujas* de Oudewater es el gran monumento a la verdad. Un artefacto manejado con honestidad y audacia, de una sencillez que lo hace resultar casi poético y que garantizó la preservación de *seres de nuestra especie*, en sentido tanto literal como filosófico. Que sus homólogos presentes y futuros, cualquiera que sea su forma, abunden en número y eficacia.

VI

Kayfabe y literatura

Señoras y señores:

Me gustaría hablar con ustedes acerca del *wrestling*. Lo he pensado bien, no se asusten. La ocasión, que ha congregado a tantísimas personas de la literatura y de la política en una misma sala, es francamente idónea.[1]

Seguro que a más de uno le sonarán los nombres de Hulk Hogan, John Cena, La Roca o André el Gigante; incluso es posible que hayan visto la hipnótica película *El luchador*, de Darren Aronofsky. De todos modos, aunque alguien no tuviera ni la menor idea de en qué consiste eso del *wrestling*, explicar el fundamento sería sencillo: es un deporte en el

1. Este capítulo recoge el texto de la conferencia pronunciada por Clemens J. Setz en 2019 como ponencia de apertura de las Jornadas de Literatura en Lengua Alemana de Klagenfurt (Austria). La ocasión es conocida sobre todo por acoger el Premio Ingeborg Bachmann, uno de los certámenes literarios más prestigiosos en el ámbito germanohablante.

que unas personas se suben a un *ring* y pelean; eso sí, el desenlace de la pelea está acordado con anterioridad, la victoria o la derrota forman parte de un argumento escrito por una mano invisible pero competente, y el auténtico mérito de los luchadores reside en la ejecución acrobática de los movimientos orquestados y en lo convincente que resulte su interpretación. Es una profesión que exige mucho esfuerzo y un gran desgaste físico, pero sus lesiones parecen más propias de los especialistas de cine o de los artistas circenses que de un boxeador o un luchador de MMA.

En la médula del mundo del *wrestling* radica un concepto que a la gente de la literatura, paradójicamente, nos dice más que ningún otro que se me ocurra sobre lo que va a suceder aquí en los próximos cuatro días, sobre la narrativa en sí y sobre su relación con nuestra vida personal y con la realidad política, e incluso sobre los roles en los que hemos tenido que encajar desde que nacimos, quizá por imposición de instancias superiores. Es un concepto que, una vez aprendido, se convierte de inmediato en instrumento imprescindible y esencial para la percepción del mundo: *kayfabe*.

No se conoce la etimología del término. Dicho en pocas palabras, significa algo así como «mantener en pie la cuarta pared» —en referencia a la *cuarta pared* del teatro, la barrera invisible que separa a

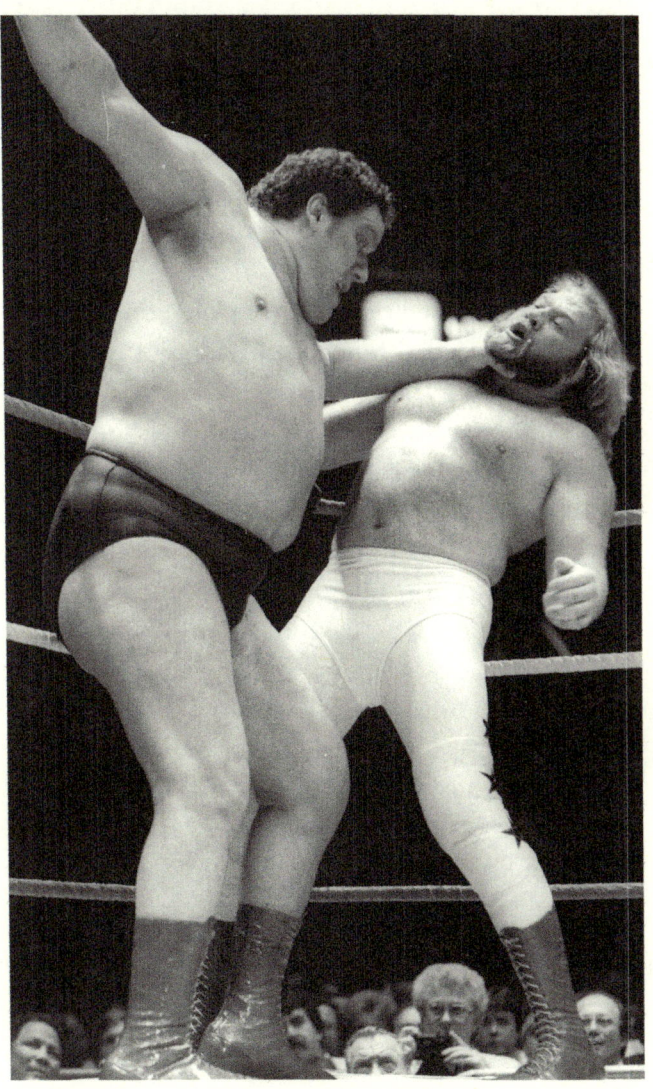

André el Gigante (izq.)

los actores del público— o, también, «cuidar de la suspensión de la incredulidad». Esto supone que los luchadores nunca pueden salirse de su papel, en el mejor de los casos ni aun estando solos. Las amistades auténticas entre colegas que son enemigos en la ficción están prohibidas o sujetas a una estricta reglamentación. En las grandes ligas de *wrestling*, el principio de *kayfabe* se lleva a efecto con tal dogmatismo que en la intimidad muchos luchadores profesionales siguen, como si no pudiera ser de otro modo, interpretando e incluso desarrollando el personaje que les adjudicaron los directivos. Poco a poco olvidan su nombre y pasan a pensarse y a referirse a sí mismos solo con su *stage name*, al igual que hizo su ilustre predecesor, don Quijote de la Mancha, que en verdad no era otro que el señor Alonso Quijano.

El personaje de cada luchador pertenece a una de estas dos categorías: *heel* o *face*. Los *heels* son malvados y tramposos, mientras que los *faces* son buenos y nobles. En los torneos, lo habitual es que se enfrenten *heels* contra *faces*. Bret «The Hitman» Hart, por ejemplo, es el personaje *face* por antonomasia. La lucha del bien contra el mal es la narrativa perpetua del *wrestling*, de forma muy similar a lo que sucede en la literatura universal, y el *kayfabe* es el pegamento que lo mantiene todo unido. Pero, antes de descubrir qué tiene esto que ver con la literatura, la forma de conducirse en la vida y el premio

Ingeborg Bachmann, el respeto por la dignidad propia y la política, presentaré unos cuantos casos de algo que suele ser desconcertante: el advenimiento al poder del *kayfabe* en la vida real de una persona.

Los luchadores Matt Hardy y Edge eran buenos amigos en la realidad. Matt Hardy estuvo saliendo con la luchadora Lita, pero esta lo abandonó y comenzó una historia de amor con Edge. Hardy quedó devastado. Los guionistas de la WWE no tardaron un segundo en convertir esa tragedia auténtica en un argumento para la ficción que desembocó en un duelo guionizado en el que los rivales debían enfrentarse en el *ring*. Esto puso a Matt Hardy en la extraña situación de odiar en el plano de la fantasía a un hombre al que ya odiaba *de facto* y, aunque habría estado encantado de hacerle picadillo de verdad, tener que limitarse a aparentar que le daba una paliza y además emplear toda su profesionalidad sobre el cuadrilátero en evitar hacerle daño. Hay personas que se han vuelto locas por pruebas mucho menos tormentosas.

Algo igual de enrevesado ocurrió con el matrimonio de Triple H y Stephanie McMahon. En un primer momento, la pareja se casó dentro del mundo impostado del *wrestling* y tiempo después, en el año

2002, los guionistas tuvieron la ocurrencia de poner fin a la relación en circunstancias dramáticas. Sin embargo, los dos se habían enamorado y siguieron viviendo juntos en secreto hasta que en 2003 decidieron casarse, esta vez sin farsas. El problema llegó cuando el sacerdote se negó a oficiar la ceremonia porque había visto la boda ficticia de la pareja en televisión. Wikipedia recoge al respecto un enternecedor comentario: «*McMahon later had to explain to the priest the difference between WWE programming and real life*», es decir, la luchadora tuvo que explicar al sacerdote en qué se diferencian los programas de la WWE y la vida real para que los casara.

En otro caso, un luchador llamado Pillman consiguió una indemnización por la rescisión de su contrato de lo más suculenta. Sugirió que el *kayfabe* resultaría mucho más creíble si sus jefes le enviaban por fax una carta de despido auténtica *dentro* de su trama. Una vez firmada, acudió a un notario y consiguió en el mundo real lo que, en un principio, solo le habían concedido en la ficción.

Con todo, es probable que el ejemplo más célebre de *kayfabe* que se impone sobre la vida se encuentre en la novela *Don Quijote*, de Cervantes, una de las más vivaces y espléndidas que haya escrito jamás un ser humano. En ella, concretamente en la segunda parte de la historia, constatamos que los personajes (tanto principales como secundarios) han *leído* la primera. ¿Cómo es posible? Se crea de ese modo un bucle extraño en el que los personajes son al mismo tiempo protagonistas y lectores de sí mismos. Igual de famoso es un ejemplo de *Las mil y una noches*. En la noche 602, Sherezade, que cada día cuenta una historia para salvar la vida, nos pilla por sorpresa cuando comienza a contarle al sanguinario rey, incombustible como un niño, su propia trama marco y, además, al pie de la letra: la historia en la que aparece ella misma junto al cruel monarca, que asesina a todas las mujeres del reino hasta que una de ellas consigue distraerlo de su empeño homicida con la fascinación de su relato y le hace desistir con los años. Imaginemos el extraño bucle infinito que se impone a la realidad con una maniobra narrativa así de arriesgada. Lo cierto es que es un milagro que ambos, Sherezade y el rey, salieran airosos de la noche número 602.

En el caso de los luchadores, el bucle absurdo y perpetuo que los atrapa se evidencia a menudo cuando su carrera termina. Los personajes buenos y nobles dedican entonces su vida privada a la filantropía, a la lucha contra las drogas o al entrenamiento físico, mientras que los que pasaron su trayectoria en la piel de villanos acaban, con llamativa frecuencia, en calamidades como el alcoholismo, el trato con la mafia e incluso envueltos en delitos violentos.

A veces la observación a ultranza del *kayfabe*, esa mezcla de ficción y realidad, puede suponer una amenaza real para la vida e incluso acabar con ella. Por ejemplo, los creadores de la película de Disney *Infierno blanco* quisieron mostrar un suicidio en masa de *lemmings*, pero se encontraron con un problema: los *lemmings* no se suicidan. En efecto, lo del suicidio es una vieja historia que conocemos en la versión acuñada hace mucho por un buen escritor. Sin embargo, este comportamiento no se ha observado en la realidad. Al final, los cineastas decidieron pagarles a unos niños inuit por unos cuantos *lemmings* y ponerlos ellos mismos al borde de un precipicio. Sentían dentro los aguijones de mando de la ficción: por mucho que supieran que la historia era inventada, la ficción les resultó tan imperiosa que actuaron como teledirigidos por ella. Así, montaron una plataforma giratoria que no se ve en pantalla e hicieron que los animales se precipitaran por un barranco para filmar su caída al agua. El documental ganó el premio Oscar en 1958.

Cuando el gran escritor keniata Ngũgĩ wa Thiong'o publicó la novela *Matigari* en 1986, el dictador del país, Daniel arap Moi, ordenó la detención inmediata de su protagonista (homónimo) por la amenaza que suponían para el Estado las preguntas que lanzaba desde las páginas de la novela. Tras una larguísima búsqueda, no pocos pasos en falso y muchos extravíos, detuvieron al autor. Ingresó en la prisión de máxima seguridad de Kamiti, donde escribió otra novela, *El diablo en la cruz*, en el papel higiénico de la cárcel. *Kayfabe* involuntario desencadenado por el fulgor narrativo de un escritor de gran talento.

En cuanto hemos afinado los sentidos para detectarlo, enseguida empezamos a ver *kayfabe* en flor por todas partes. Por ejemplo, en las *boybands* o los grupos de k-pop, cuyos miembros suelen verse a escondidas con sus parejas reales para mantener el artificio de una disponibilidad permanente ante los fans que siguen todos sus pasos. También se nos presenta en el rarísimo vídeo que el actor Kevin Spacey publicó en YouTube la víspera de comparecer ante un tribunal para responder a graves acusaciones de agresión sexual. Spacey no se pronuncia en primera persona sobre los cargos presentados en la realidad, sino interpretando a Frank Underwood, un personaje al que dio vida durante años. A menudo salta incluso entre su propia identidad y el papel de Underwood dentro de una misma frase, como en esta: «*What I did do and got away with* [Underwood] *and what I didn't do* [Spacey]», es decir, eso que Underwood hizo con impunidad y que Spacey no hizo jamás. *Kayfabe* en estado puro, ya degenerado en zombificación fuera de control. (Por cierto, qué extraño debe de ser para el creador del personaje de Underwood, el guionista Beau Willimon, ver cómo su criatura sigue escribiéndose sola de esta forma tan turbadora). Una mezcla así de trágica y casi robótica entre ficción y realidad siempre es síntoma de dos clases de extravío: un poder desmesurado combinado con aislamiento y, habitualmente en paralelo, la falta de autocrítica unida a un juicio desfalleciente y en paulatina desintegración espontánea.

Esto me lleva al caso de confusión entre persona y personaje más extremo de la época reciente. En Navidad apareció en YouTube un vídeo promocional en el que el vicecanciller de Austria, Heinz-Christian Strache, se interpretaba a sí mismo. El argumento era el siguiente: un matrimonio se despierta en mitad de la noche al oír unos ruidos, se levanta y encuentra al vicecanciller en el salón. Strache dice que tiene un regalo para ellos y se lo muestra puertas afuera: el silencio. De primeras la pareja no entiende nada, pero Strache les explica: todo está tan tranquilo porque su partido, el FPÖ, ha expulsado a los extranjeros del país.

Parafraseando a Nestroy, desde que vi este vídeo *no me puedo sacar el futuro de la cabeza*. Esa fusión entre una brutalidad con aire de sorna y el poder fáctico es la forma más extraña en que se manifiesta el *kayfabe*. Pretende servir para blindar el poder que se tiene y cementar una visión del mundo que se inocula al pueblo, aunque siempre sea el síntoma primero de una inminente autolisis. Es su avanzadilla, una última señal de vida lanzada por un sistema que se está yendo a pique por sus propios medios. Porque, cuando los que ejercen el poder creen en confines que aíslan tanto como excluyen, siempre caen en la autosimilitud, solo se interpretan a sí mismos, quedan atascados en bucles de realimentación y, con una pizca de suerte, podemos presenciar su descomposición en directo. A la extrema derecha y a los populismos derechistas, que poco a poco se están adueñando de instituciones importantes en toda Europa, se les puede decir sin vacilar: vais a desaparecer, no os quepa duda. *Make no mistake.* Empezáis a tener *flicker* por los bordes. Vuestro sistema es cerrado y, como ocurre con todos los sistemas cerrados, se matará por asfixia, extraviado en los *strange loops* del *kayfabe* y el personaje que se comió a la persona. Ya no sabéis quién os escribe. A vuestro sistema ni siquiera le sirve de gran cosa que haya aparecido un joven y enérgico explicalotodo como el canciller federal.

En un grado más leve, conozco de primera mano esta previsible desintegración. A los quince o dieciséis años, no leía novelas. Mis únicas lecturas consistían en teorías conspirativas: masones, ovnis nazis, el club Bilderberg, Viktor Schauberger, la Sociedad Thule, Jan van Helsing... Creo que me reclutó para la causa mi serie favorita, *Expediente X*, y pronto me convertí en un ejemplo perfecto de *kayfabe* viviente teledirigido. Si siguiera en esa etapa, es probable que siempre tuviera en la boca la expresión «prensa de paparruchas» e ideas tan fantasiosas como exuberantes sobre George Soros, el cambio climático, las vacunas, Julian Assange y Alex Jones; también acudiría todos los días al medio cuasiestatal Unzensuriert.at para corroborar mi *información alternativa*. Para el joven débil e inmaduro hasta decir basta que era yo, lo importante era saber que, aunque no lo supiera nadie, yo sabía más que los demás. Ese era el quid. En realidad solo interpretaba el papel del agente Fox Mulder de *Expediente X*. Al principio tenía claro que era una farsa; luego, me fui metiendo más y más en el personaje, hasta que un día, zas, ya tenía una personalidad y una visión del mundo propias. *Fucking kayfabe*.

Tardé cerca de un año en expulsar ese veneno del organismo. A propósito, más o menos lo mismo que me llevó aceptar que el *wrestling* no era real cuando tenía diez años.

Quienes escribimos, amamos la literatura, formamos parte del jurado o ejercemos la crítica literaria tratamos a todas horas con tramas más o menos elaboradas y más o menos únicas. Nuestro oficio consiste precisamente en eso: personajes ficticios, giros de guion, intrigas, puestas en escena… Sin embargo, la mayor parte de los argumentos no son producto de la literatura, sino que están redactados por empresas, por agencias de marketing y por la política. Cuando nos dedicamos a la literatura, hemos pasado años enteros estudiando tramas y argumentos, así que estamos adiestrados para reconocerlos. Por ejemplo, sabemos a la perfección qué es que nos cuenten lo propio en tercera persona, como si fuera extraño. Y podemos referir casos similares del pasado, como la temprana alegoría del *kayfabe* que nos contó el gran Anton Kuh en el año 1930, cuando, en una visita a la ciudad alemana de Halle, descubrió que todos sus ciudadanos llevaban el mismo tupé tieso como si les hubieran plantado un nabo en la cabeza y con eso daban vueltas por la calle sin rastro de alegría. Kuh sospechó que ese peinado era un «sustituto del chacó. O, dicho de otra forma: cada cabeza, su propia celada. Igual que en la Italia de Mussolini muchos jóvenes llevaban una torre en lugar de un peinado». Más adelante, llegaba a la conclusión de que lo esencial de esa oprimente moda no era la forma, sino la artificiosidad misma:

La ocurrencia de un barbero alemán de provincias de llevar el pelo a modo de bisoñé tiene una fuerza simbólica que cala hondo y se extiende lejos. Es la manifestación del logro último del ser humano politizado: convertir todo lo propio en extraño y todo lo que está vivo en algo muerto.

También en el gremio de las letras se han mantenido en vigor hasta hoy ciertas reglas del *kayfabe* contrarias a la vida muy particulares; reglas que solo se le pudieron a ocurrir a un canalla tan atroz como el barbero de Halle. Por ejemplo, la idea de que hay que pasar meses encerrado para escribir. Que el *escritor*, que parece que vaya a partirse a poco que se mueva algo, como el suelo de la sala de lectura de una biblioteca, debe guardarse del ruido del mundo y todas esas cosas. ¡Como si construir una frase en alemán fuera tan complicado que necesitáramos silencio! Como si no fuera una necesidad vital que la humanidad nos interrumpa cada dos por tres en todo lo que hagamos. Como si narrar no fuera, por su propia naturaleza, la actividad más sociable que existe. Como si sonsacarles a nuestros semejantes todas las historias posibles para preservarlas del olvido, aunque solo sea por un tiempo, no fuera una forma de cuidado… Caray. Casi no hay día en que no podamos ver lo que les sucede a quienes olvidan estos principios. Se meten en un despacho y desde ahí dentro van modelando su estilo, como si fuera el carácter, se pierden años enteros en becas literarias y un día despiertan convertidos en escritores como los que salían en los libros del colegio. Les molestan sus propios hijos. Reclaman ayudas públicas o privadas. Se exigen demasiado. Van a vivir a Berlín.

De joven yo mismo me plegué con especial servilismo al ridículo *kayfabe* de la identidad de escritor. Quizá mi alma tiene afición a meterse en esos moldes. Encajar siempre le resulta sencillo. En cambio, cuando pasan años y quiere salir otra vez, tiene que roer y arrancarse algún trozo que otro para desprenderse. Quién sabe, quizá esa predisposición fatal me haga seguir publicando imperturbablemente fotografías de conejitos y cabras en Twitter cuando dentro de no mucho comience lo que con el tiempo reconoceremos como los pogromos de nuestra época.

Cuando eso llegue, ojalá sepamos quiénes somos con el discernimiento lúcido y falto de prejuicios y pudor de uno de mis lares menores, el poeta estadounidense Robinson Jeffers. Uno de sus poemas trata de un día concreto: el 19 de septiembre de 1939. Esa mañana Jeffers escucha a Hitler bramando por la radio en Danzig, algo después se produce un pequeño terremoto y por la noche una luna de un rojo sangre pende sobre el mar del Big Sur. Entonces llega la atrayente revelación de Jeffers: «*Well: the day is a poem: but too much / Like one of Jeffers's, crusted with blood and barbaric omens*». El día es demasiado parecido a un poema, pero de los suyos, con costra sanguinolenta y presagios de barbarie, y le genera rechazo: es como si lo hubieran pescado in fraganti, como si la historia del mundo lo hubiera cortocircuitado consigo mismo.

Para alguien ajeno a esto, un acto que se extiende a lo largo de varios días como estas Jornadas de Literatura en Lengua Alemana de Klagenfurt puede recordar una velada de *wrestling*, aunque aquí el combate no enfrente al bien y al mal, sino lo bueno y lo malo, una especie de Royal Rumble en la que se va echando a todos los participantes que suben al *ring* hasta que solo queda un vencedor. Sin embargo, es una imagen incompleta y falsa. En realidad, este certamen es una pequeña fábrica efímera que funciona a toda máquina durante su corta vida y produce un flujo concentrado de datos a partir de ficciones que —eso queremos creer— dejan intactas las almas que las portan transitoriamente, que no pretenden reclutar, instruir ni despachar a nadie y que, a lo mejor, pueden servir para despertar e integrar en contextos significativos el sentimiento de vergüenza que quizá resurja en nuestros países en un futuro próximo. Ficciones que, aun tomándolas con rigor implacable, no privan a sus criaturas de autonomía de la voluntad, por mucho que estas insistan en lo contrario.

A quienes participan conmigo en estas jornadas, las comentan o integran el jurado, les deseo una feliz narración. Veremos en qué nos transforma durante estos días.

Muchas gracias.

Hulk Hogan (der.)

Índice

NMK*

* Una serie que acoge textos breves sobre asuntos variopintos con un juego como caprichoso hilo conductor: con cada título los autores aludirán a un número libre de argumentos (tres, veinte o cinco mil) alrededor del tema que elijan.

Esta primera edición de
Seis miniaturas sobre la verdad,
quincuagésimo noveno título de H&O Editorial,
consta de 1.500 ejemplares y se entregó
a imprenta en Sant Esteve Sesrovires
el 30 de marzo de 2026.

«Solo encuentra uno por las calles personas
que hablan consigo mismas en voz alta,
como los locos; personas de cuyas bocas salen
las palabras *desolación, desgracia, muerte, ruina*
—todos los vocablos de la desesperanza.»

Diario
EDMOND DE GONCOURT